INSTANTES DE LUZ

RUBY WARNER
Prefácio Suzy Reading

INSTANTES DE LUZ

Mensagens Inspiracionais para
Momentos de Escuridão

Tradução: Euclides Luiz Calloni

Editora
Cultrix
SÃO PAULO

Título do original: *Little Moments of Light: Finding Glimmers of Hope in the Darkness and Embracing Everything in Between.*

1ª edição 2024.

Nota/Isenção de responsabilidade

O Welbeck Balance incentiva a diversidade e diferentes pontos de vista. No entanto, todas os pontos de vista, pensamentos e opiniões expressos neste livro são de responsabilidade do autor e não são necessariamente representativos do Welbeck Publishing Group como uma organização. Todo o material deste livro é apresentado de boa-fé para fins gerais de orientação; O Welbeck Publishing Group não faz representações ou garantias de qualquer tipo, expressas ou implícitas, com relação à exatidão, integridade, adequação ou atualidade do conteúdo deste livro, e se isenta especificamente, na medida permitida por lei, de quaisquer garantias implícitas de comercialização ou adequação para uma finalidade específica e qualquer lesão, doença, dano, morte, responsabilidade ou perda incorrida, direta ou indiretamente do uso ou aplicação de qualquer informação contida neste livro. Este livro não se destina a substituir aconselhamento médico ou psiquiátrico especializado. Destina-se apenas a fins informativos e para seu próprio uso e orientação pessoal. Não se destina a diagnosticar, tratar ou agir como um substituto para profissionais da área de saúde. O autor e o editor não são médicos nem conselheiros. Antes de iniciar qualquer programa relacionado com a saúde procure aconselhamento médico especializado.

Editor: Adilson Silva Ramachandra
Gerente editorial: Roseli de S. Ferraz
Preparação de originais: Marta Almeida de Sá
Gerente de produção editorial: Indiara Faria Kayo
Editoração eletrônica: Join Bureau
Revisão: Erika Alonso

Dados Internacionais de Catalogação na Publicação (CIP)
(Câmara Brasileira do Livro, SP, Brasil)

Warner, Ruby
Instantes de luz: mensagens inspiracionais para momentos de escuridão / Ruby Warner; tradução Euclides Luiz Calloni; prefácio Suzy Reading. – 1. ed. – São Paulo: Editora Cultrix, 2024.

Título original: Little moments of light: finding glimmers of hope in the darkness and embracing everything in between
ISBN 978-65-5736-338-6

1. Autoaceitação 2. Autoajuda 3. Autoconfiança 4. Relacionamentos I. Reading, Suzy. II. Título.

24-209486 CDD-158.1

Índices para catálogo sistemático:

1. Autoajuda : Conduta de vida : Psicologia aplicada 158.1
Cibele Maria Dias – Bibliotecária – CRB-8/9427

Direitos de tradução para o Brasil adquiridos com exclusividade
pela EDITORA PENSAMENTO-CULTRIX LTDA., que se reserva a
propriedade literária desta tradução.
Rua Dr. Mário Vicente, 368 – 04270-000 – São Paulo, SP – Fone: (11) 2066-9000
http://www.editoracultrix.com.br
E-mail: atendimento@editoracultrix.com.br
Foi feito o depósito legal.

Para todos os que estão à procura de esperança.

Sumário

Prefácio

É uma verdadeira alegria apresenta-lo à *Instantes de Luz*. Se você desconhece as atividades de Ruby ou se, como eu, a segue de uma forma muito calorosa em @worrywellbeing no Instagram, saiba que estou entusiasmada com a possibilidade de que este livro lhe inspire com a sabedoria compassiva de Ruby – é um belo livro que pode contribuir para seu proveito pessoal e também para presentear muitas pessoas, pois todos nós precisamos de um toque de ternura.

A agradável companhia que você encontrará neste livro fará toda a diferença. Venha percorrer com a autora o caminho aberto nestas páginas, deleitando-se com o estímulo delicado de uma voz de tamanha sabedoria.

Eu mesma, como psicóloga credenciada, promotora do autocuidado e autora, admiro profundamente a obra de Ruby. Com grande habilidade, suas ilustrações representam milhares de palavras.

Além da arte estimulante e inspiradora, você encontrará aqui instruções importantes, mantras poderosos, mensagens confortantes e uma forma de desenvolver habilidades essenciais para lidar com emoções difíceis. Ruby expõe todos esses conteúdos em sequências, passo a passo.

É grande a minha satisfação ao constatar que Ruby mostra as coisas da maneira como são, mas ao mesmo tempo planta sementes de esperança, nos inspira a acreditar que tudo pode melhorar e oferece ferramentas práticas para efetuarmos mudanças importantes.

Quer você leia o livro do início ao fim, quer o folheie ao acaso, encontrará a inspiração perfeita, seja qual for o momento que estiver vivendo.

Acredito que Ruby chegará até você mesmo nos momentos mais difíceis, – apaziguando e validando seus sentimentos, oferecendo-lhe meios para encontrar compreensão e evitar a solidão.

Acima de tudo, durante a leitura deste livro honesto e tocante, você despertará e se lembrará do seu profundo e inabalável valor. Assim, entregue-se a ele.

Suzy Reading

Psicóloga e autora de *The Self Care Revolution*

@suzyreading

você vai superar esta
noite escura e viver um
amanhã resplandecente

Introdução

Quero começar dizendo o que este livro não é. Ele não lhe dirá "como ser feliz", não indicará "dez passos para uma vida perfeita" e não recomendará "sete técnicas para combater o estresse". Como alguém que passou por problemas de saúde mental, sei como palavras dessa natureza podem ser complacentes e inúteis. Conheço a frustração de ouvir que é possível curar a ansiedade se você "aprender a respirar de modo correto" ou que sua depressão desaparecerá se você "pensar de maneira positiva".

O que desejo com todo o ardor é que este livro chegue até onde você estiver, onde quer que seja, e faça você se lembrar de que tudo ficará bem, que não há problema em sentir as coisas, mesmo as angustiantes e emaranhadas, e que até em meio à escuridão a situação pode e irá melhorar.

Este livro é para você, seja qual for o estado da sua saúde mental no momento. Talvez você esteja tendo um dia ruim e precise de algumas palavras de conforto e encorajamento. Talvez esteja se debatendo há algum tempo e queira se reequilibrar e encontrar um pouco de sossego. Ou, ainda, você esteja imobilizado num subterrâneo tenebroso, sem nenhuma claridade à vista, sentindo-se no fundo do poço. Estive em todos esses lugares, e ainda estou trabalhando nisso.

Tenho esperança de que este livrinho o faça se sentir um pouco mais animado e estimulado.

Encontro com a Esperança

sempre há
esperança, mesmo
quando você não
se sente tão
esperançoso

Pode parecer impossível ter esperança quando enfrentamos grandes dificuldades. Lembro-me de que eu desejava ser feliz, mas não acreditava nessa possibilidade. Eu me sentia paralisada, duvidando de que as coisas mudariam ou melhorariam.

Talvez seja necessário procurar um pouco, mas é possível encontrar esperança mesmo em meio à maior escuridão.

Até nos dias difíceis de sair da cama podemos apreciar o Sol irradiando pela janela ou o conforto de um cobertor macio. Quando tudo parece pesado e angustiante, podemos voltar a atenção para pequenas atitudes que fazem a gente se sentir um pouco melhor, um pouco mais leve.

Nos dias difíceis, permita-se sentir a tristeza, a ansiedade, a frustração. Aceite que a situação está confusa e perturbadora neste momento, mas saiba que não será sempre assim. Tudo vai melhorar. Sempre há esperança, mesmo quando você não se sente tão esperançoso.

Esperança é...

- Acreditar que as coisas podem e vão melhorar.
- Aceitar as coisas ruins, mas buscar breves momentos bons.
- Tomar a resolução de levantar todas as manhãs e seguir em frente, mesmo quando tudo parece difícil.

há um mundo
imenso fora dessa
escuridão, e eu lhe
asseguro que você
voltará a encontrá-lo
muito em
breve

SENTADA EM MEIO À ESCURIDÃO

Eu me lembro de que ficava sentada em meio à escuridão que é a depressão. É como olhar o mundo ao seu redor através de uma janela de vidro. Você pode ver outras pessoas rindo e se divertindo, pode ver como é a felicidade, pode ver a vida que deseja desesperadamente, mas não consegue chegar lá.

Lembro-me de um modo vívido dessa sensação: de estar do outro lado da janela, de me sentir capaz de ver a felicidade, mas incapaz de alcançá-la. Eu queria sair, ver os amigos, passear com o meu cachorro, estudar, fazer arte, curtir a vida. No entanto, o meu corpo vergava sob o peso da tristeza. A vista multicolorida do mundo além parecia distante para mim, ali, sentada na cama, com a sombra negra da depressão pairando sobre mim. Eu me sentia presa e solitária. Eu não conseguia ver uma saída.

Eu quero que você saiba que pode - e que irá - livrar-se da escuridão.

É difícil recuperar-se da depressão, mas é absolutamente possível. Não acontece da noite para o dia. Não há um interruptor que você possa acionar e que, de repente, num belo dia, faça você voltar a ser feliz. Não existe solução simples. Entretanto, com tempo, paciência e apoio as coisas podem melhorar – e melhoram.

Continue olhando pela janela. A felicidade que você deseja e merece está mais próxima do que parece.

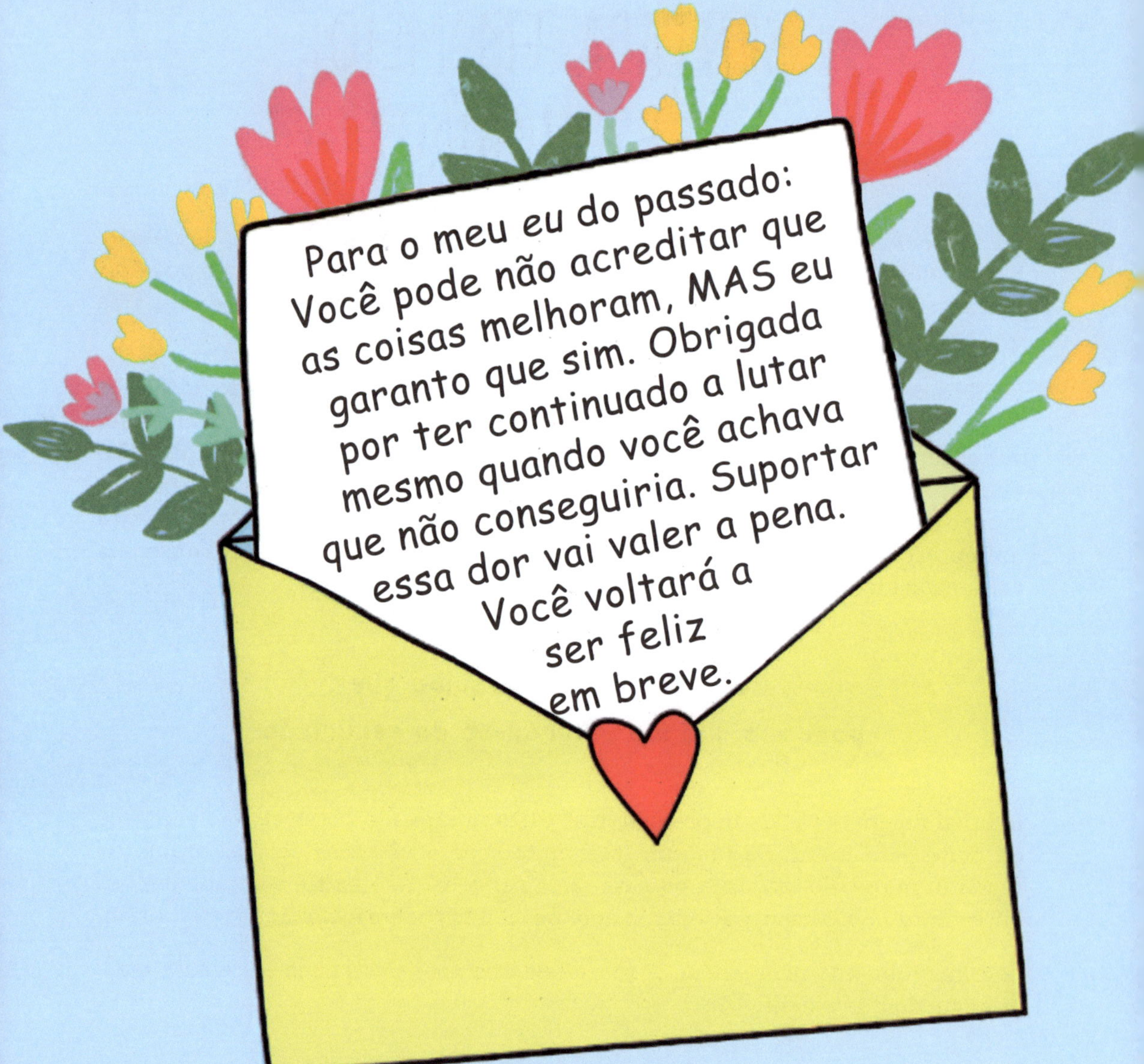
Para o meu eu do passado:
Você pode não acreditar que
as coisas melhoram, MAS eu
garanto que sim. Obrigada
por ter continuado a lutar
mesmo quando você achava
que não conseguiria. Suportar
essa dor vai valer a pena.
Você voltará a
ser feliz
em breve.

MENSAGEM PARA O MEU EU DO PASSADO...

Se eu pudesse comunicar alguma coisa ao meu *eu* do passado, gostaria de dizer que ele está melhorando a cada dia. Eu faria questão de lhe expressar todo o meu agradecimento pelo fato de ele ter persistido mesmo quando achava que não conseguiria. Também gostaria que ele soubesse que sempre vale a pena continuar, apesar dos tempos difíceis.

Então, este é um lembrete para você agradecer a si mesma por também ter passado por momentos difíceis. É uma atitude corajosa perseverar sempre, sem desanimar, apesar da imensa dificuldade inerente a essa decisão.

Siga em frente. Ainda há muitas experiências a viver. Vale a pena persistir.

Nesta mensagem ao meu *eu* do passado, dirijo-me de forma direta a cada pessoa que esteja passando por dificuldades neste momento. As coisas melhoram. Um dia, você também poderá se lembrar de tudo o que superou e agradecer a si mesma por ter seguido em frente.

Motivos para continuar...

- Há muitos lugares que você ainda não visitou.
- Há muitas pessoas amáveis que você ainda não conheceu.
- Há muitas coisas lindas que você ainda não viu.

A ESPERANÇA NAS PEQUENAS COISAS

No tempo em que vivia me debatendo, eu achava difícil ter esperança. A mim, parecia impossível ver algum aspecto positivo. Quando se está no abismo da depressão e da ansiedade, não é nada fácil enxergar o que é bom.

Uma prática que me ajudou muito foi a de reservar alguns minutos no fim de cada dia para identificar alguns momentos positivos. Comecei a escrever um pequeno diário, registrando alguma coisa boa que havia acontecido durante o dia, algo a que eu devia ser agradecida, ou, então, apenas um pequeno gesto que me fizera sorrir.

Com esse exercício, comecei a prestar atenção nos aspectos positivos da realidade. Assim, eu passei a perceber que mesmo os dias ruins reservavam um ou outro momento de alegria. Por exemplo, um dia, trabalhando de garçonete e me sentindo muito cansada, encontrei sobre a mesa um bilhete deixado por um cliente: "Tudo vai ficar bem", dizia. Aquele pequeno pedaço de papel levantou o meu astral e reanimou o meu dia. Ao chegar em casa, colei o papelzinho no meu diário como lembrete de que existem coisas boas e pessoas amorosas em meio ao estresse do nosso dia a dia.

Sempre que me sinto desanimada, folheio meu diário e revejo muitos desses pequenos momentos de alegria, e isso sempre renova a minha sensação de esperança. (Se manter um diário não é a sua praia, você pode depositar pequenas anotações de momentos felizes em um pote.) Esse procedimento não vai resolver todos os seus problemas – nem esse é o objetivo, aliás –, mas apreciar pequenos momentos de alegria pode ajudar a tornar cada dia um pouco melhor.

MOTIVOS DE GRATIDÃO

uma pessoa
que lhe fez
um favor

uma lição
que o estimulou
a refletir

um lugar
que o
encantou

uma música,
um livro ou
um filme que
o emocionou

uma lembrança
que lhe trouxe
saudades

uma realização
que elevou
sua autoestima

breves momentos

assistindo a seu filme favorito

adormecendo numa cama cheirosinha

acompanhando suas canções preferidas

criando algo de que você se orgulha

perdendo-se num bom livro

afagando seu bichinho de estimação

ouvindo o som da chuva na sua janela

assistindo a um lindo pôr do sol

de felicidade

saboreando seu prato preferido

rindo com seus amigos

encontrando canções de que você gosta

respirando ar fresco na natureza

abraçando alguém que você ama

usando uma roupa que o faz sentir-se bem

recebendo um elogio

deliciando-se com uma xícara de chá quente

Encontro com a Aceitação

Aceitação radical

- O que posso fazer neste momento para me sentir um pouco melhor?
- O que posso fazer para tornar esta situação mais suportável?
- Quais palavras de conforto encontro para mim neste momento?

No que se refere à sua saúde mental, a aceitação pode ser das emoções, de si mesmo e do que você não pode controlar.

Nem sempre a aceitação é um processo fácil. É muito difícil aceitar algumas coisas. Apesar de tudo, está tudo bem.

Nos tempos difíceis, o que muito me ajudou foi a prática do que costumo chamar de "aceitação radical".

Praticar a aceitação radical é admitir que você não consegue lutar contra a realidade. Então, em vez de lutar, você se concentra no que pode fazer no momento para torná-la mais suportável.

Isso, de fato, ressoa em mim, porque, às vezes, a única saída é aceitar os sentimentos e fazer o que podemos para nos sentir um pouco melhor. Não podemos impedir que chova, mas podemos vestir uma capa e nos abrigar. A capa não elimina o mau tempo, mas faz a situação parecer mais fácil.

Aceitação envolve...

- Deixar de se preocupar com o que você não pode controlar.
- Resignar-se com emoções incômodas.
- Permitir-se falhar e cometer erros.
- Valorizar o seu corpo por tudo o que ele faz, qualquer que seja sua aparência.
- Admitir que você precisa de ajuda.

estou
aprendendo a me
sentir à vontade
com emoções
desconfortáveis

PERMITA-SE SENTIR

Muitas vezes, me perguntam: "O que posso fazer para não me sentir ansioso?"; "O que posso fazer para me sentir feliz?"; "Como posso me livrar desse sentimento?". Faz sentido – nós nos sentimos mal, mas não queremos nos sentir mal; então, procuramos nos livrar da sensação. Sempre fazemos o possível para não sentir o que é desconfortável ou difícil.

Algumas pessoas fazem isso evitando situações que as deixam ansiosas; outras podem recorrer a estratégias de enfrentamento prejudiciais para entorpecer os sentimentos de depressão ou manter-se ocupadas o tempo todo para não ficar sozinhas com seus pensamentos. Embora evitar seja uma reação natural às emoções desagradáveis, é muito importante permitir-nos senti-las.

Com muita frequência, resistimos e reprimimos nossas emoções, deixando que se fortaleçam até se tornarem constantes e difíceis de controlar. Isso pode ser consequência da pressão que colocamos sobre nós mesmos para sermos felizes e positivos o tempo todo – mas essa atitude é totalmente ilusória. Alguns dias são difíceis, e nesses dias nos sentimos tristes ou ansiosos, e tudo bem.

Algumas emoções são muito desagradáveis, então, nos negamos a aceitá-las, mas é importante lembrar que elas não podem nos prejudicar. Por mais enervante que seja contemporizar com elas, podemos fazer isso conscientes de que, em algum momento, elas também vão passar.

ESSE SENTIMENTO VAI PASSAR

ACEITAÇÃO DAS EMOÇÕES DESAGRADÁVEIS

Quando surgem emoções desagradáveis, é importante reservar alguns momentos para processá-las e aceitá-las por completo, em vez de ignorá-las, reprimi-las ou tentar livrar-se delas. Veja a seguir cinco passos úteis que você pode dar ao sentir emoções intensas ou severas.

A técnica de PARAR

1. **Pare**. Permita-se dar uma pausa em meio ao que estiver fazendo.
2. **Respire fundo**. Reserve dois ou três minutos para respirar bem fundo, concentrando toda a sua atenção na respiração.
3. **Observe**. Tome consciência do seu corpo e das suas sensações, observe os pensamentos que lhe ocorrem no momento e procure identificar as emoções que sente.
4. **Avalie o valor e o significado da situação**. Procure ver o cenário em sua totalidade e tente analisar a situação por outra perspectiva.
5. **Pratique o que dá resultado e proceda com atenção**. Escolha uma atividade que o ajude a se acalmar.

Permitir-se sentir suas emoções não significa envolver-se e identificar-se com elas ou sentir pena de si mesmo. Você simplesmente se dá conta do que sente e usa da melhor maneira possível as ferramentas apropriadas para apaziguá-las.

está tudo bem...

dizer não

fazer pausas

dar prioridade à sua saúde mental

falhar em alguma coisa

ter dias ruins

sentir raiva e aborrecimento

ACEITAÇÃO DAS IMPERFEIÇÕES

As pessoas costumam falar sobre a importância do amor-próprio, mas, em geral, se esquecem da atitude de autoaceitação. Antes de nos amar, precisamos nos aceitar. Pode ser difícil aceitar todas as partes de você mesmo, inclusive aquelas de que não gosta, mas é possível aprender a aceitar suas imperfeições. É comum as barreiras erguerem-se no caminho da autoaceitação, por isso é importante identificar os obstáculos que se interpõem para, assim, poder superá-los.

Atitudes que dificultam a autoaceitação...

- Desejar ser perfeito.
- Comparar-se com outras pessoas.
- Dar atenção a comentários ou a julgamentos de terceiros.
- Monólogos internos negativos.

O perfeccionismo, uma tendência contra a qual sempre lutei, quase sempre, impede a autoaceitação. Quando alimenta expectativas muito elevadas a respeito de si mesmo, você sempre tem a sensação de que nada do que faz é bom o suficiente. É muito difícil aprender a ser ponderado diante das suas imperfeições, mas precisamos nos entender com elas para nos aceitar.

QUESTIONANDO PENSAMENTOS NEGATIVOS

Este pensamento corresponde à realidade?

O que eu diria a um(a) amigo(a) nesta situação?

Estou me culpando por algo que não é culpa minha?

Estou tirando conclusões precipitadas?

Estou subestimando minha capacidade de lidar com a situação?

Como posso considerar esta situação de outro modo?

CONVERSAS AFÁVEIS CONSIGO MESMO

A busca da autoaceitação implica, em geral, questionar crenças e pensamentos negativos sobre si mesmo. Quando surgir um pensamento negativo, pergunte-se como você falaria com um(a) amigo(a) ou um familiar de confiança e adote esse mesmo tom delicado para falar consigo mesmo. Você não diria a um amigo que ele é feio ou que está ficando chato. Você não apontaria seus defeitos. Você não merece que alguém fale com você de modo grosseiro. Então, observe o modo como você fala consigo mesmo.

Dê a si o mesmo amor, o mesmo apoio e o mesmo incentivo que daria a um(a) amigo(a). Sei que é bem mais fácil dizer isso do que fazer, mas ser a voz que você precisa ouvir é algo muito revigorante.

Pode ser muito salutar dirigir palavras de conforto quando precisa delas e aprender a ser gentil consigo mesmo.

Praticar o diálogo interno positivo todos os dias pode nos ajudar a exercitar a autoaceitação. Comece por perceber-se em momentos de conversa interna negativa e por substituir esses pensamentos por outros positivos. Espalhe lembretes otimistas pela casa, talvez no espelho do banheiro ou em outros pontos por onde você passa com frequência, bilhetes que lhe lembrem de sempre manter um diálogo interno positivo. A prática da repetição de afirmações positivas para autoaceitação (mesmo que não acredite nelas) favorece a reformulação de pensamentos negativos mais resistentes.

você se
basta a
si mesmo
exatamente
como
você é

FORMAS DE PRATICAR A AUTOACEITAÇÃO

repita afirmações positivas a seu respeito todos os dias

trate-se com respeito e gentileza

faça todo o possível para abandonar o hábito de se comparar com outras pessoas

faça uma lista dos aspectos que aprecia em você; por exemplo, sempre procuro ajudar os outros, trabalho duro, sou criativo

aceite suas imperfeições

concentre-se naquilo que
você pode controlar

ACEITAÇÃO DO QUE VOCÊ NÃO CONSEGUE CONTROLAR

Para mim, grande parte da aceitação consiste em deixar de me preocupar com tudo o que não tenho condições de controlar. Como pessoa ansiosa, tenho dificuldade para aceitar que nem tudo está sob meu controle. No entanto, deixando de me preocupar, sinto-me livre.

Eu me preocupava muito com as opiniões e os julgamentos das outras pessoas. Eu evitava participar de muitos eventos. Em situações sociais, eu sempre me mantinha muito reservada, por medo de ser julgada. Mas acabei percebendo que, independentemente do que se faça, as pessoas sempre vão formar suas opiniões.

Você nunca vai agradar a todos, então, é melhor se concentrar no que o faz feliz.

Eu sempre procurava ajudar as pessoas e resolver seus problemas. Achava que era minha responsabilidade fazer as pessoas se sentirem melhor. Contudo, também neste caso, percebi que a felicidade dos outros não é responsabilidade exclusiva minha. Podemos apoiar as pessoas, ouvi-las, estar ao lado delas nos momentos difíceis, mas não é tarefa nossa tornar tudo melhor.

Não conseguimos impedir que aconteçam fatos condenáveis no mundo, não podemos evitar que as pessoas se machuquem, não podemos resolver sozinhos a crise das mudanças climáticas, não temos condições de acabar com toda a violência e a desigualdade, não podemos ser tudo para todos. Entretanto, isso não significa que você seja impotente. Você tem muita força. Cada pequena ação sua, cada palavra, cada interação, cada sorriso, cada ato de gentileza transformam o mundo num lugar melhor.

COISAS QUE POSSO CONTROLAR

as minhas ações e
as minhas palavras

o modo como trato os outros

o tempo que dedico às pessoas
de quem eu gosto

a forma como lido com
minhas emoções

os limites que estabeleço

o cuidado com o meu corpo

as minhas crenças e
as minhas opiniões

COISAS QUE NÃO POSSO CONTROLAR

os pensamentos de
outras pessoas

a passagem do tempo

o inevitável fenômeno da mudança

as ações de outras pessoas

as opiniões de outras pessoas

o passado

as decisões de
outras pessoas

Encontro com a Confiança

Comece a acreditar
que você pode e
lembre-se de todas as
vezes em que
sentiu medo e
perseverou

Aprender a acreditar em si mesmo, a ter fé em suas ideias e a confiar em seu próprio julgamento é algo que leva tempo para contecer.

Um equívoco relacionado à confiança dá a entender que ela nos leva a ser agitado, sociável, falante, extrovertido – sendo acompanhada da necessidade de ser o centro das atenções. No entanto, confiança não é uma demonstração externa do seu grau de sociabilidade.

Ser confiante não significa ser a pessoa mais agitada da sala. Significa dar o melhor de si e confiar e acreditar em si mesmo.

Como alguém que não confiava em si no passado, sei como pode ser difícil superar barreiras na ausência desse sentimento. Precisei me esforçar muito para expressar minha opinião, colocar-me em situações novas e desafiadoras, sair da minha zona de conforto. Contudo, nos últimos anos, consegui fazer todas essas coisas. Então, se você sente que não tem confiança, saiba que é possível voltar a acreditar em si mesmo.

Confiança envolve...

- Reconhecer o seu valor.
- Impor-se desafios.
- Definir limites e aprender a dizer "não".
- Crer em si mesmo.
- Acreditar que pode lidar com situações difíceis.

IMPONDO-SE DESAFIOS

Uma das melhores maneiras de desenvolver a confiança é impor-se desafios e começar a enfrentar as coisas que o amedrontam. Talvez essas palavras soem assustadoras, por isso é importante lembrar-se de proceder de acordo com o seu próprio ritmo.

Atribuir-se pequenas tarefas todos os dias é a maneira recomendável para, aos poucos, lidar com a ansiedade e desenvolver a confiança. A cada dia, procure designar a si mesmo um desafio simples e controlável que você consiga superar. Pode ser pedir uma bebida em uma cafeteria, dar um passeio sozinho ou cumprimentar alguém no trabalho. Esses atos podem parecer insignificantes, mas, se os praticar com certa frequência e for aumentando seu nível de dificuldade quando se sentir com forças para isso, a exposição a situações que o intimidam poderá, de fato, ajudá-lo a superar seus medos.

Assim, em momentos em que a sua autoconfiança oscilar, você poderá relembrar todas as medidas corajosas que tomou e reforçar sua percepção de que é capaz. Tenho no meu celular uma lista de anotações de tudo o que fiz no último ano para me desafiar, mesmo de pequenos gestos, como ir ao encontro de uma amiga quando não estava me sentindo bem comigo mesma ou ir a algum lugar novo.

Cada vez que faz algo desafiador, você prova muita coisa a si mesmo. Você prova que é capaz, que pode fazer coisas difíceis.

É preciso ter muita coragem para enfrentar seus medos. Em muitas ocasiões, enfrentar um desafio me levou a viver momentos de muita ansiedade. Mas ser corajosa não significa que aquilo que fazemos não nos assusta. Ser corajosa envolve ter uma sensação desconfortável e saber que ela também vai passar.

pratique ações

que a

amedrontam

Desafios para

sorrir para um estranho

ir a um encontro sozinha num café

usar uma roupa chamativa

cumprimentar um desconhecido

falar em um grupo

visitar um lugar novo

desenvolver a confiança

- começar um novo *hobby*
- aprender uma nova habilidade
- comemorar seus sucessos
- compartilhar seus talentos com outras pessoas
- questionar crenças negativas sobre você
- enfrentar um medo

sinta o medo,
mas não
deixe que ele
o domine

AFIRMAÇÕES PARA CONFIANÇA

Eu sou capaz

Eu posso fazer isso

Eu sou confiante

Estou preparado

Vou fazer um ótimo trabalho

Confio em mim mesmo

Acredito que posso

LEMBRETES AO SE DESAFIAR

a ansiedade perturba, mas não pode magoá-lo

você pode lidar com esse sentimento

você consegue enfrentar essa situação

você pode fazer isso apesar da sua ansiedade

você vai se orgulhar de si mesmo depois

você consegue fazer isso, mesmo que sua cabeça lhe diga que não

você pode...

- mesmo quando acha que não
- mesmo quando está com medo
- mesmo quando duvida de si mesmo

você entendeu isso

DIZER "NÃO" E PRESERVAR A SUA PAZ

Um aspecto importante de ter autoconfiança é ser capaz de dizer "não", ou seja, ser capaz de estabelecer limites e preservar a sua paz. A prática de colocar limites e ouvir o que precisamos ouvir pode nos ajudar a desenvolver confiança. Se você permite, com frequência, que as pessoas ultrapassem os limites ao mesmo tempo em que ignora suas próprias necessidades, você reforça a crença de que não é importante. Quando nos sentimos especiais e somos ouvidos e respeitados, ficamos mais confiantes. Pare de se anular para fazer outras pessoas felizes.

Talvez sua amiga viva desabafando seus problemas com você, deixando-a esgotada e num estado de espírito negativo. Talvez alguém no trabalho a importune o tempo inteiro com relação a um prazo só porque você saiu no fim de semana. Talvez você tenha dito que não poderá comparecer a um evento social, mas as pessoas continuam pressionando-a a ir, e isso talvez a faça se sentir culpada por sua decisão.

Você pode achar que a coisa certa a fazer é manter as pessoas ao seu redor felizes. Mas está na hora de pensar em si mesma, no que você precisa e no que pode fazê-la feliz. Você está autorizada a dizer "não" e a estabelecer limites. Fazer isso nos ajuda a aumentar a confiança.

Dizer "não" a coisas que não a fazem feliz pode gerar um sentimento libertador. Ouvir o que você, de fato, quer, em vez de fazer automaticamente o que acha que deveria, pode ser algo muito poderoso.

ESTABELECENDO LIMITES

Não é função minha corrigir outras pessoas

Tenho o direito de tirar momentos de descanso

Não preciso dar explicações nem provar meu valor a ninguém

Não há problema em reservar um tempo para mim

Tenho permissão de me sentir assim

Está tudo bem dizer "não"

Tenho autorização para dar prioridade a mim mesmo

Não cabe a mim agradar a todos o tempo inteiro

VOCÊ NUNCA CONSEGUIRÁ AGRADAR A TODOS. ENTÃO, FAÇA O QUE O DEIXA FELIZ

Um recado a quem faz tudo para agradar as pessoas

- Pare de sempre se adaptar a outras pessoas
- Pare de dizer "sim" a situações que o incomodam ou mesmo nas situações em que se sente bem
- Pare de se importar com pessoas que não fazem nenhum esforço para agradar você
- Pare de baixar seus padrões e dar desculpas aos outros
- Pare de ignorar suas necessidades
- Pare de se desculpar por tudo

Encontro com a Calma

não vai

se sentir

assim

para sempre

Uma emoção que carreguei comigo durante muito tempo é a ansiedade. Ela ainda está comigo, mas não é mais tão pesada como antes. Ela se intensifica em alguns dias, quando, então, se impõe e controla tudo o que faço. Na maior parte do tempo, porém, é bastante moderada e ocupa bem menos espaço na minha vida.

Se você está pensando "nunca vou me sentir melhor", posso lhe dizer que esse mesmo pensamento martelava a minha mente. Sei que é difícil imaginar como você conseguirá sair do ciclo interminável de preocupação, como escapará dos terríveis sintomas físicos, como terá forças para enfrentar as coisas que mais teme. No entanto, eu lhe asseguro que toda possível situação pode melhorar.

Chegará um dia em que você acordará de manhã sem aquela sensação de pavor que o atormenta. Um dia em que você estará presente para si mesmo, em que vai sorrir e soltar gargalhadas de verdadeiro prazer. Um dia em que será capaz de se concentrar de modo adequado nas tarefas pelas quais é responsável. Um dia em que adormecerá em poucos minutos e acordará com o coração batendo com suavidade. Um dia em que você encontrará novas pessoas e se relacionará com elas.

Chegará um momento em que você voltará a se sentir bem.

Assim como é impossível ser feliz o tempo todo, também não é possível manter-se sempre calmo - e aceitar os altos e baixos da minha ansiedade tem sido um grande passo para melhorar. Em vez de querer alcançar um estado zen permanente (um objetivo praticamente inalcançável), procuro aplicar algumas técnicas simples que me ajudam e a me acalmar e me recolher durante alguns momentos de paz em que posso reservar em meio à agitação da vida cotidiana.

momentos

yoga/alongamento

faça uma bebida quente

abra uma janela

repita afirmações positivas

use roupas confortáveis

desligue o celular

de calma

respire fundo

observe o seu entorno

concentre-se no momento presente

descreva como se sente

fale sobre suas preocupações

passe um tempo em meio à natureza

um passo
de cada vez

LEMBRETES PARA MOMENTOS DE ANSIEDADE

você já enfrentou esse sentimento antes e pode enfrentá-lo de novo

esse sentimento causa mal-estar, mas não pode prejudicá-lo

os sintomas físicos vão passar à medida que você se acalmar e respirar fundo

sinta a ansiedade, em vez de evitá-la

você é muito corajoso por se desafiar e por enfrentar as situações apesar de sentir medo

Surfe as ondas

Assim como as ondas do mar, a ansiedade se forma aos poucos, atinge o pico e, em seguida, se dispersa.

Quando começamos a nos sentir estressados, a onda passa a ganhar força. Ela logo se eleva até atingir o pico. É quando nos sentimos mais ansiosos e em pânico. Depois desse ponto, ela começa a se desfazer até desaparecer.

Em vez de lutar contra as ondas que vêm e vão, aprendi a conviver com o desconforto e comecei a acreditar que a sensação vai passar.

Identificar os nossos gatilhos e reconhecer os padrões da nossa ansiedade nos ajudam a prever o momento em que precisaremos usar nossas ferramentas de defesa. Por exemplo, é proveitoso começar a identificar as situações e os horários do dia em que você se sente mais ansioso.

Se tiver consciência de que a sua ansiedade é mais forte pela manhã, procure tornar sua rotina matinal o mais calma e suave possível, talvez reservando um horário para a prática de yoga ou de meditação.

Já se sua ansiedade tende a aumentar à noite, ajuste sua rotina noturna incluindo um tempo para relaxar ou para escrever no seu diário antes de dormir.

Sendo curioso, observador e identificando a sua ansiedade, você poderá controlá-la com mais facilidade.

Cuidando de si mesmo

Quando nos sentimos ansiosos, é importante aceitar os sentimentos e passar um tempo com eles – mas também podemos tomar algumas medidas que podem nos acalmar um pouco no momento.

É muito importante fazer alguma coisa que nos ajude a nos acalmar e nos equilibrar enquanto vivenciamos uma emoção desagradável.

A habilidade de saber acalmar-se é uma ferramenta poderosa que abranda a ansiedade. Consiste em ativar os sentidos para que estes nos ajudem a viver no presente momento.

A atenção plena [*mindfulness*] é outra ferramenta que, de maneira semelhante, mantém a atenção estabilizada por completo e estimula a observação das emoções sem julgá-las e sem rotulá-las como "positivas" ou "negativas".

Todos nós somos diferentes; por isso, o que dá bons resultados para algumas pessoas pode ser ineficaz para outras; assim, é recomendável tentar efetuar procedimentos variados. Portanto, descubra o que é eficaz para você e ponha em prática suas descobertas nos momentos de ansiedade.

Como aliviar a ansiedade

AUDIÇÃO

- ouça música relaxante
- faça uma meditação guiada
- abra a janela e ouça os sons que lhe chegam

PALADAR

- beba um chá de ervas relaxantes
- masque chiclete com sabor
- coma alimentos que combatem o estresse, por exemplo, chocolate amargo, verduras, nozes

TATO

- use roupas confortáveis
- tome um banho quente
- prefira um cobertor macio
- tenha uma bolsa de água quente
- aperte uma bola antiestresse
- acaricie seu gato ou seu cachorro

OLFATO

- acenda uma vela perfumada
- coloque um sachê de lavanda embaixo do travesseiro
- acenda um incenso
- use um bom hidratante
- utilize produtos de aromaterapia

VISÃO

- acenda luzes de fada
- use luminosidade fraca e quente
- veja fotos alegres
- pinte ou desenhe
- observe o que está ao seu redor
- contemple dez coisas azuis ao seu redor

breves momentos de

coma devagar

aceite suas emoções

observe seus pensamentos com objetividade

seja curioso

preste toda a atenção possível

mantenha-se no presente

atenção plena (*mindfulness*)

envolva os cinco sentidos

forme o hábito de não julgar

faça uma coisa de cada vez

ouça com atenção

tenha mente aberta

pratique a criatividade

A RESPIRAÇÃO

Antes de falar um pouco sobre a respiração, saiba que não vou dizer "apenas respire e seus problemas se resolverão como por magia".

As técnicas de respiração constituem mais uma habilidade a que podemos recorrer para nos ajudar em momentos de ansiedade. Apresento a seguir alguns dos meus padrões de respiração preferidos. Eles são simples e eu os uso sempre que me lembro.

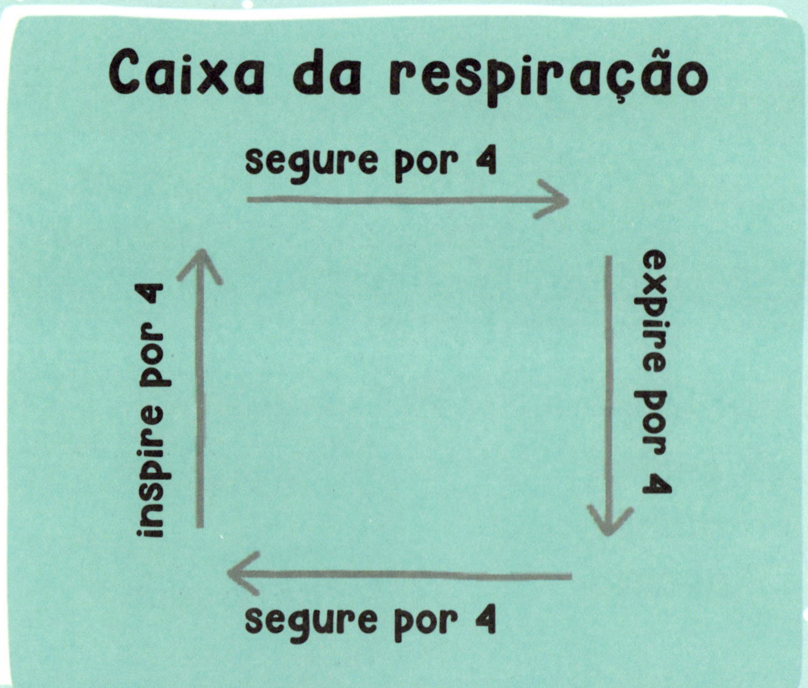

Expiração gradual

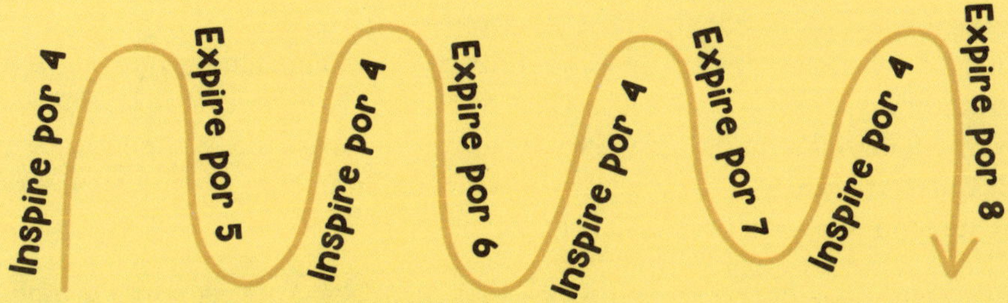

respiração 4-7-8

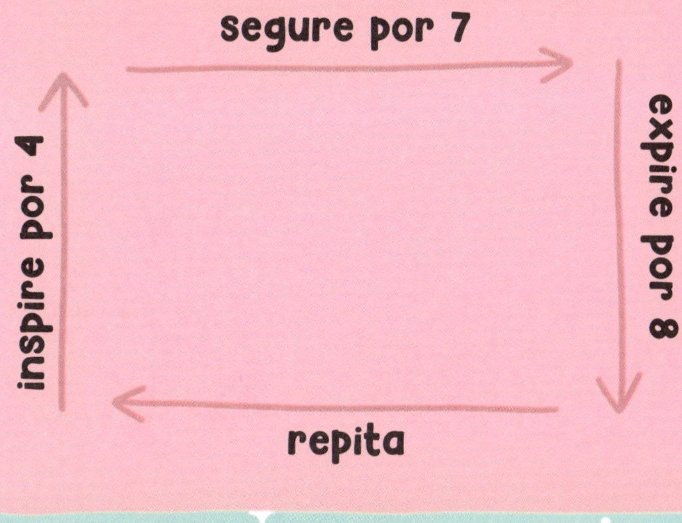

O CORPO

Nosso corpo carrega ansiedade de muitas maneiras diferentes. Às vezes, as pessoas se esquecem de que a saúde mental também é física. A ansiedade pode causar dores de cabeça, palpitações cardíacas, dores no peito, perda de apetite, problemas digestivos, dores de estômago, insônia, fadiga, tensão muscular, náuseas e diversos outros sintomas. Sentir esses indícios pode ser bem assustador, mas se você conseguir identificar quais sinais você sente por causa da ansiedade (e não por alguma outra disfunção), será muito mais fácil lidar com eles. Procure perceber como a ansiedade se manifesta em seu corpo.

Aceite as sensações do seu corpo. Ouça as sensações. Veja-as como o modo que o seu corpo usa para comunicar que você está estressado e respeite-as. Faça o que puder para ficar mais tranquilo nesse momento. Lembre-se: isso vai passar.

Recursos que podem ajudar na presença de sintomas físicos de ansiedade...

- Yoga e alongamento – para aliviar tensões musculares e dores no corpo.
- Exercícios, como correr – está comprovado que reduz a ansiedade e melhora o sono.
- Respirações longas e profundas – reduzem a frequência cardíaca e relaxam.
- Refeições pequenas e regulares, com alimentos simples – favorecem em caso de falta de apetite.
- Rotina regular de sono – previne insônia.

estou seguro
posso lidar com isso
vou ficar bem
não luto contra minhas emoções
vou respirar profundamente
tenho ferramentas para lidar com isso
não vou me sentir assim por muito tempo
meus sintomas físicos são uma reação normal à adrenalina
vou usar o tempo que preciso para me acalmar

Encontro com o Amor-Próprio

Quando as pessoas ouvem a expressão amor-próprio, as primeiras imagens que lhes ocorrem podem ser de máscaras faciais, banhos de espuma e coisas parecidas. Embora essas sejam formas válidas de autocuidado, amor-próprio é muito mais do que apenas o modo como cuidamos do nosso corpo físico.

Amor-próprio tem a ver com o modo como nos vemos, como nos tratamos e como falamos com nós mesmos.

Esse é um dos aspectos do amor-próprio com os quais muitas pessoas se debatem. Quando a sociedade nos diz, de modo insistente, quem precisamos ser, com o que devemos parecer e como nos enquadrar, torna difícil o ato de nos aceitarmos da maneira como somos. Ao exercitar o amor-próprio, precisamos deixar de lado essas expectativas externas e nos fixar apenas em aceitar e acolher quem somos.

Reformulando alguns mitos do amor-próprio...

- **O amor-próprio não é egoísta**. Ter um bom relacionamento consigo mesmo pode ajudar a melhorar seu relacionamento com as outras pessoas. Quando cuidamos de nós, temos mais energia para cuidar também dos outros.
- **Amar a si mesmo não significa que você se acha melhor que as outras pessoas**. Significa que você se trata com o mesmo cuidado e o mesmo respeito com que trataria os outros.
- **O amor-próprio não pode ser alcançado por completo apenas com afagos e mimos**. Cuidado de si é muito mais do que isso. Amor-próprio envolve muito mais do que apenas nosso corpo físico.
- **O cuidado de si não implica consumo de tempo**. Podemos demonstrar esse cuidado em atos tão simples como preparar de maneira consciente uma xícara de chá, reservar um tempo antes de dormir para relaxar e ler um livro ou, ainda, fazer uma caminhada de vinte minutos. Se você acha que não tem tempo para cuidar de si mesmo, talvez seja hora de reavaliar suas prioridades e seus compromissos.

O AMOR-PRÓPRIO NÃO É EGOÍSTA

amor-próprio

ser amável
consigo mesmo, até
quando se sente mal

ouvir a si mesmo
e atender às suas
necessidades

fazer algo pelo
qual o seu eu futuro lhe
agradecerá

permitir-se sentir tudo

cuidar-se
para evitar o
esgotamento

tomar decisões
favoráveis a você

é...

aceitar-se como você é

priorizar o que é importante para você

voltar atrás quando se sente sobrecarregado

antepor a sua felicidade ao agrado dos outros

falar consigo como falaria com um amigo

livrar-se do que não serve para você

O RELACIONAMENTO QUE VOCÊ TEM CONSIGO MESMO É O RELACIONAMENTO MAIS IMPORTANTE QUE VOCÊ TEM

CONSTRUINDO UM BOM RELACIONAMENTO CONSIGO MESMO

Exercitar o amor-próprio envolve melhorar a relação que você tem consigo mesmo.

Uma pessoa que tem um bom relacionamento com si própria reconhece o seu valor; por isso, terá mais confiança em resguardar-se e proteger-se. Terá mais facilidade para construir relacionamentos saudáveis e para comunicar-se com outras pessoas.

Como melhorar seu relacionamento consigo mesmo...

- Trate-se do mesmo modo como trataria alguém que você ama. Se pensar em dizer algo que não diria a um amigo, não diga a si mesmo.
- Sinta-se confortável em sua própria companhia. Passe um tempo consigo mesmo e procure se conhecer. Conecte-se com as partes de você que ainda não descobriu.
- Seja a pessoa que você precisa ser. Diga a si mesmo as palavras que precisa ouvir. Seja seu próprio líder de torcida, motivador e apoiador. Seja aquele que o conforta nos momentos difíceis.
- Mantenha um diário. Pode ser uma forma excelente de começar a conhecer seus diálogos internos, permitindo-lhe refletir sobre os seus pensamentos e as suas emoções.
- Livre-se da culpa. Você tem permissão para cometer erros e ser imperfeito. Ser duro com si próprio só prejudicará seu relacionamento consigo. Presenteie-se com paciência e delicadeza.

VOCÊ NÃO DEVE SE SENTIR CULPADA POR...

- comer mais quando está com fome
- não conseguir fazer tudo
- fazer pausas
- cometer erros
- pedir ajuda
- ser você mesmo
- dizer não
- proceder de acordo com seu próprio ritmo
- reservar tempo para cuidar de si mesmo
- ter recaídas
- precisar passar um tempo sozinho

AFIRMAÇÕES PARA DESENVOLVER O AMOR-PRÓPRIO

Eu mereço ser amado

Aceito e acolho a mim mesmo por ser quem sou

Sou grato pelo meu corpo e por tudo o que ele faz por mim

Não é a opinião das pessoas que define o meu valor

Eu me basto

PARA CUIDAR DE SI MESMO

Os pequenos atos de autocuidado que praticamos com regularidade são como trampolins para o amor-próprio. Cada vez que falamos com suavidade com nós mesmos ou reservamos um tempo para praticar o autocuidado, lembramo-nos de que merecemos cuidado e amor.

Tipos de autocuidado...

- **Autocuidado físico:** é o cuidado que você tem com seu corpo físico; por exemplo, dormir o suficiente, se alimentar bem, fazer exercícios.
- **Autocuidado emocional:** consiste em lidar com seus sentimentos de maneira saudável; por exemplo, fazer terapia, manter um diário, meditar.
- **Autocuidado mental:** significa envolver-se em atividades que o estimulam no âmbito mental; por exemplo, preparar uma nova receita, pintar ou desenhar.
- **Autocuidado social:** consiste em cuidar dos seus relacionamentos e entrar em contato com outras pessoas; por exemplo, encontrar amigos, passar bons momentos com seu parceiro(a), ligar para uma pessoa querida.
- **Autocuidado profissional:** significa cuidar de si mesmo no ambiente de trabalho; por exemplo, estabelecer limites, fazer pausas, pedir ajuda.

Muitas vezes, ouço as pessoas dizerem: "De fato, não tenho tempo para cuidar de mim mesma!". Compreendo essa queixa, porque isso acontecia também comigo. Contudo, percebi que cuidar de si é tanto planejar o tempo quanto agir de modo efetivo. Em geral, não dispomos de tempo para nós mesmos se, antes disso, acreditamos que não somos merecedores de cuidado e de amor. Entretanto, quanto mais praticamos o autocuidado com regularidade, mais fácil se torna essa prática.

PEQUENOS ATOS DE AMOR-PRÓPRIO

prepare uma boa refeição

ouça suas músicas de relaxamento favoritas

passe algum tempo ao ar livre

pense em três coisas de que gosta em você

presenteie-se com flores

reserve algum tempo para refletir e definir algumas metas

durma

faça uma lista de lembretes positivos e fixe-os na parede

vá sozinho a um encontro num café

Encontro com o Relacionamento

VOCÊ NÃO ESTÁ SOZINHO

Na época em que eu me debatia sem tréguas com minha saúde mental, era muito difícil relacionar-me com as pessoas. Eu ficava com muita raiva de todos, pois achava que ninguém me compreendia. Eu tinha muita dificuldade para comunicar o que sentia, sobretudo porque, às vezes, nem eu mesma compreendia as minhas emoções. Eu estava convencida de que ninguém se importava comigo, o que hoje vejo que não era verdade. Muitas pessoas me amavam e se preocupavam comigo, mas eu não conseguia sentir esse amor porque eu mesma não me amava nem me interessava por mim.

Você precisa acreditar que merece amor e cuidado, porque você merece de verdade.

A depressão e a ansiedade podem levar ao isolamento. Tendemos a afastar as pessoas. Temos medo de ser um fardo, medo de pensar que ninguém gosta de nós ou nos aceita, ou apenas não temos energia para entrar em contato com outras pessoas.

Eu sei que é um desafio, mas, nesses períodos, muitas vezes, precisamos fazer o contrário do que gostaríamos de fazer. Eu me escondia em casa e ignorava as mensagens dos meus amigos e das minhas amigas. Eu me fechava e me isolava. Fazia isso porque me sentia triste e ansiosa, mas a situação piorava ainda mais. Quanto mais eu me fechava, mais reclusa e solitária me sentia. Era um círculo vicioso. E a única forma de quebrar esse ciclo era me desafiar. Às vezes, é preciso realizar ações difíceis. Fale com seus amigos. Saia. Junte-se às pessoas o mais que puder. Quanto mais se quer evitar as pessoas é que você mais precisa de alguma forma de relacionamento.

É DIFÍCIL RELACIONAR-NOS QUANDO NOS DEBATEMOS COM NÓS MESMOS...

você pode não ter energia para se relacionar

você pode querer afastar as pessoas

você pode achar difícil sair

você pode ter medo de contaminar os outros

você pode achar que será um peso

você pode ficar mais irritadiço do que o normal

... mas é importante se lembrar de que...

- você não é um fardo
- as pessoas ainda o amam e se preocupam com você, mesmo quando não ama a si mesmo nem se preocupa consigo
- afastar as pessoas e isolar-se só o fará se sentir pior
- você merece se divertir, rir, passar o tempo com outras pessoas

VOCÊ MERECE AMOR

A ansiedade pode nos fazer duvidar do nosso amor-próprio e nos levar a questionar nossos relacionamentos. Talvez você se considere um fardo para seus amigos e outras pessoas, como se seu parceiro estivesse aborrecido com você sem motivo ou como se ninguém quisesse sua presença em eventos sociais. É muito cansativo manter relacionamentos quando você pensa demais em cada interação.

A baixa autoestima também pode nos levar a acreditar que não merecemos relacionamentos saudáveis e amorosos. Muitas vezes, acabamos afastando as pessoas que se preocupam conosco. No entanto, você merece apoio, e não é um fardo. É claro que amigos e familiares não existem apenas para resolver seus problemas, mas eles podem servir como uma rede de apoio. Não há problema em falar sobre o que você está passando, e você vai sentir um pouco de alívio ao fazer isso.

Você merece ser ouvido e apoiado. Você não está "avariado". Você não precisa de "conserto".

Como pessoa, você é muito mais do que o momento difícil pelo qual está passando. Eu sei o que é perder todo o sentido de quem você é quando está no seu nível mais baixo. Você tem a impressão de ser a sua própria doença – uma enorme nuvem preta que lança sombra sobre tudo o que faz parte da sua vida.

Talvez você não sinta, mas todas as partes que o tornam especial continuam aí. Sua criatividade, sua bondade, sua empatia, seu senso de humor, sua determinação... Você ainda é digno de amor. Você só precisa de algum apoio e de um pouco de cuidado neste momento.

ANSIEDADE NOS RELACIONAMENTOS

estão falando de mim pelas costas

sou um fardo

sou um péssimo amigo/um péssimo parceiro

estão chateados comigo

fiz alguma coisa para aborrecê-los

eles vão trair minha confiança

será que gostam de mim de verdade?

eles não me querem aqui

você não
precisa
ser perfeito
para merecer
amor

você merece...

ser amado

ser apoiado

ser feliz

ser ouvido

ser aceito

ser respeitado

COMUNICAÇÃO PARA QUANDO VOCÊ ESTÁ COM DIFICULDADE DE FALAR

Escreva uma carta ou envie uma mensagem de texto explicando como você está se sentindo e o que o destinatário pode fazer para ajudá-lo

Pense sobre os aspectos que você quer abordar e o que vai dizer antes de falar com alguém

Diga à pessoa que você está achando difícil falar neste momento

você não fez nada de errado, só estou achando difícil falar agora...

SOCIALIZANDO QUANDO VOCÊ ESTÁ COM DIFICULDADES

Se você está ansioso e sente dificuldade para sair, pergunte às pessoas próximas se gostariam de visitá-lo em casa

Se encontrar muitas pessoas o deixa angustiado, reúna-se com grupos de poucas pessoas

Diga às pessoas como você está se sentindo e explique que, por mais que você goste de ficar com elas, está sendo difícil para você socializar neste momento

disparadores

Estou num momento difícil com...

Seria bom se você pudesse...

Preciso de ajuda com...

Tenho me sentido...

Estou passando por dificuldades no momento. Estou precisando de alguma ajuda...

de uma conversa

Eu tenho me preocupado muito com...

Eu fico pensando em...

Eu me sinto muito desanimado e não sei por quê...

Estou querendo conversar com você sobre...

Estou achando... mais difícil que o normal

Cerque-se de pessoas que o fazem feliz

CONVIVA COM OS SEUS

As pessoas que fazem parte da nossa vida exercem uma grande influência sobre nós; por isso, é importante refletir para identificar se essa influência é positiva ou negativa. Encontrar-se, com frequência, com pessoas que fazem poucos comentários críticos, que sempre encontram motivos para discussão ou que pouco se alegram com você pode, de fato, afetar seu estado de espírito. Isso não significa que essas pessoas são ruins, mas você pode analisar e procurar descobrir se elas são as mais saudáveis, com as quais vale a pena conviver.

Cerque-se de pessoas que o valorizem, que o façam se sentir bem e o façam rir, não de pessoas que o deixam para baixo.

Perguntas a se fazer...

- Sinto-me bem depois de algumas horas com essa pessoa?
- Essa pessoa me escuta?
- Essa pessoa se esforça tanto quanto eu no relacionamento?
- Eu gosto de estar com essa pessoa?

Se você está lendo essas perguntas e pensando "não tenho ninguém assim na minha vida", lembre-se de que você não está sozinho. Você até pode se sentir solitário neste momento, mas encontrará pessoas que o farão feliz. Existem muitas pessoas que você ainda não conheceu, e haverá muitas oportunidades para desenvolver novos relacionamentos positivos.

CONECTE-SE COM NOVAS PESSOAS

seja voluntário num centro de caridade, num abrigo de animais ou num grupo de doadores de alimentos

associe-se a um clube do livro

participe de uma comunidade *on-line*

almoce com um colega de trabalho

ao passear com seu cão, converse com outros passeadores

viva novas experiências - você nunca sabe quem irá conhecer

faça amizade com amigos de amigos

As conexões se desenvolvem por meio de pequenos atos de bondade: um sorriso, uma conversa, um gesto singelo. Quando oferecemos uma pequena luz aos outros, também sentimos o seu calor.

pequenos atos

seja voluntário em sua comunidade

compre café para um amigo ou um colega

doe para um banco de alimentos

diga a alguém que o aprecia

elogie alguém

cole mensagens positivas em espelhos

de bondade

faça um bolo para alguém

leve sempre uns trocados para doar

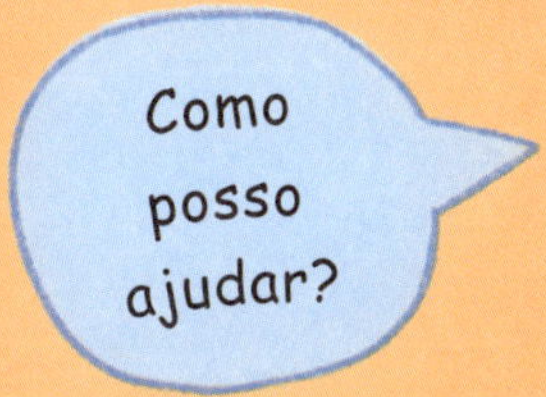

dê flores a alguém

disponha-se a ajudar alguém

vá ao encontro de alguém

doe roupas usadas

Encontro com a Ajuda

SENTIMENTOS DE MEDO AO PROCURAR AJUDA

ninguém vai me compreender

talvez as pessoas pensem que sou muito exagerado

podem não acreditar em mim

e se não puderem me ajudar?

posso me julgar

outros precisam de mais ajuda do que eu

Buscar ajuda pode ser um processo assustador. Você pode achar que não está "tão mal assim" a ponto de ter de receber ajuda ou imaginar que as pessoas pensem que você está sendo muito dramático. Talvez você tenha medo de ser julgado ou fique ansioso porque nada o ajuda a se sentir melhor. Pode ser que você não queira preocupar as pessoas.

Seja o que for que o esteja segurando, saiba que pedir ajuda é um dos atos mais corajosos que você pode praticar.

Pode ser assustador pedir ajuda; no entanto, mais importante que isso é obter a ajuda necessária. Essa busca pode consistir em agendar uma consulta médica, uma sessão com o terapeuta, participar de um grupo de apoio ou falar com alguém no trabalho.

Quando se trata de conseguir ajuda, as opções são muitas, e isso pode, inclusive, cansar e confundir. Contudo, se tiver opções, e alguma delas falhar, você sempre poderá procurar outra.

Se você tiver dificuldade para decidir o que deve dizer, dê uma olhada em "Disparadores de uma conversa" nas páginas 100-101 para ter uma ideia de como iniciar uma conversa. Também pode ser útil fazer com antecedência uma lista dos assuntos que deseja abordar para não se esquecer de nada importante.

ALTERNATIVAS QUE PODEM AJUDAR

- Passear na natureza
- Meditação
- Yoga
- Criar arte
- Manter um diário
- Exercícios
- Ouvir música
- Medicamentos fitoterápicos
- Terapia
- Conversar com pessoas queridas
- Envolver-se com animais de estimação
- Medicação
- Atenção plena

tudo o que
o ajuda
é válido
e importante

OBSERVAÇÕES SOBRE TERAPIA

Seus benefícios só aparecem depois de muito tempo.

Quanto mais aberto e honesto você for, mais receberá em troca.

Terapia é um trabalho árduo, mas valerá a pena em longo prazo.

Você pode demorar para encontrar o terapeuta mais adequado.

Fazer terapia não é motivo de vergonha.

INICIANDO A TERAPIA

No início da terapia, pode parecer um pouco estranho abrir-se para alguém que você não conhece, mas a terapia pode ser uma oportunidade incrível de aprender e crescer. Você pode não encontrar o terapeuta mais adequado de imediato e talvez demore um pouco para constatar os efeitos positivos... Mas essa forma de tratamento pode fornecer as ferramentas necessárias para lidar com emoções difíceis e lhe proporcionar espaço para expressar e processar suas experiências.

É possível que essa alternativa lhe cause alguma sensação de vergonha ou constrangimento, mas admitir que você precisa de ajuda e ter a coragem de iniciar a jornada da recuperação são atitudes das quais você deve se orgulhar, e não se envergonhar.

O que aprendi com a terapia...

- Se você acredita que não é merecedor de amor, saiba que é muito importante sentir compaixão por si mesmo, o que é bem diferente de se ver como vítima. É nos momentos em que nos sentimos menos amáveis, mais ansiosos e vulneráveis que, de fato, precisamos ter por nós o mesmo amor que daríamos aos outros.
- Às vezes, o que nos proporciona bem-estar é algo que menos queremos fazer no momento. Nessas ocasiões, talvez você precise se forçar a dar um passeio, a praticar o autocuidado ou a recorrer a alguém, mesmo que seja difícil.
- Sinta tudo o máximo possível. Ouça o que suas emoções lhe dizem e expresse o que você sente.
- Com tempo e prática, você poderá enfrentar e superar seus medos. Você é mais capaz do que imagina, e um dia fará o que nunca acreditou que teria condições de fazer.

LEMBRETES AO PROCURAR AJUDA

você merece apoio

cada pessoa é única, e nem tudo dá resultado para todos

você não é fraco por pedir ajuda

você não precisa estar no fundo do poço ou em crise para procurar ajuda

não há maneira certa de se recuperar

pode demorar um pouco descobrir o que dá resultado para você

O QUE ME FAZ ME SENTIR MELHOR:

- Cada pessoa é diferente e única; assim, o que é bom para uma pode não ser bom para outra. Não existe uma resposta certa quando se trata de melhorar; tudo o que é bom para você é válido e importante.

- Descobri várias formas de terapia muito proveitosas, como a Terapia Cognitivo-Comportamental (TCC), a Terapia Analítico-Comportamental (TAC) e a terapia psicodinâmica. A medicação também me ajudou muito a controlar minha ansiedade, a depressão e o Transtorno Obsessivo-Compulsivo (TOC).

- Adoro praticar yoga com regularidade, pois ajuda a me firmar na realidade e a reduzir meus sintomas físicos e emocionais de ansiedade.

- Outras práticas que me proporcionam uma grande paz interior: sair ao ar livre e levar meu cachorro para passear, ouvir música, assistir a filmes reconfortantes e estar com amigos e familiares.

- Talvez o que o ajuda a se sentir melhor não esteja na minha lista. O que importa, porém, é você encontrar o seu conjunto de práticas para os momentos de dificuldades.

Reflexões Finais

Desejo terminar com três considerações que eu espero que você tenha extraído deste livro.

1. Não há nenhum problema em ser uma pessoa sensível

Quero que você saiba que está tudo bem você sentir as coisas e a realidade ao seu redor. Mesmo que sinta tudo com muita intensidade, está tudo bem.

Todos nós temos momentos de ansiedade, tristeza, raiva, frustração, estresse e desesperança. Todos nós também temos momentos de riso, alegria, paz, esperança, entusiasmo, gratidão e otimismo.

Permita-se sentir todas essas diferentes emoções sem culpa nem vergonha.

2. Você não está sozinho

Sei que a solidão pode, às vezes, ser angustiante, mas lembre-se de que você não está sozinho. Sempre haverá pessoas que se preocupam com você.

Você importa. Você é importante. O mundo é um lugar melhor com a sua presença.

3. As coisas vão melhorar

Houve um momento em minha vida em que eu estava convencida de que nada iria melhorar. O único futuro que via era aquele em que eu estaria triste, ansiosa e prisioneira da minha doença mental.

É possível que você não consiga ver agora, mas a situação vai melhorar. Você tem força para superá-la. E eu lhe garanto que vale a pena perseverar.

Ao longo deste livro, dividi com você tudo o que me ajuda e tudo o que aprendi com a experiência de tratar a minha saúde mental.

Espero que as minhas palavras e as minhas ilustrações lhe proporcionem conforto e incentivo e, o mais importante, sempre lhe façam lembrar de que você não está sozinho em meio às dificuldades pelas quais está passando.

Espero que este livro seja algo a que você possa voltar quando estiver passando por um dia difícil; algo que possa reanimá-lo quando estiver se sentindo deprimido ou ansioso.

Por fim, espero que você tenha esperança, porque, mesmo nas noites mais escuras, sempre haverá alguns instantes de luz.

obrigada

Agradecimentos

Gostaria de agradecer aos meus pais e ao meu irmão por todo o apoio que me deram não apenas durante todo o processo de criação deste livro, mas também durante os altos e baixos pelos quais passei nos últimos anos.

Obrigada, mãe, por estar ao meu lado em todas as situações, por me ouvir, por ser tão paciente comigo, mesmo nos meus piores momentos, e por ser tão solícita e afetuosa.

Obrigada, pai, por sempre acreditar tanto em mim, por me insuflar o seu amor pela leitura e pela escrita desde que eu era criança e por sempre me fazer lembrar do quanto sou amada.

Seamus, meu irmãozinho (mas muito maior que eu), obrigada por me fazer rir e me lembrar de que sou amada, mesmo que de maneiras estranhas. Sou muito grata por ter uma família tão amorosa, aqui e na Irlanda.

Não posso deixar de mencionar o meu amigo peludo, Arlo, e agradecer a ele os incontáveis gestos de carinho e as inúmeras vezes em que ele praticamente me arrastou para fora de casa a fim de que eu o levasse para passear.

Agradeço às minhas lindas amigas Liv G, Liv W, Ella, Mira, Ruby, Caitlin, Amy, Hannah e Carys, por me apoiarem tanto. Todas vocês são mulheres muito especiais que me inspiram muito. Chloe, obrigada pelas risadas e pela luz quando eu estava nos meus piores momentos. Obrigada, Jude, por ser tão solidário e atencioso. Sou muito grata por estar rodeada de pessoas tão positivas e encorajadoras.

Obrigada, Tom, Vanessa e doutora Angeliki, por me ajudarem a chegar ao ponto em que me encontro hoje e por desempenharem um papel tão importante na minha recuperação. Vocês me ajudaram a perceber que eu era capaz de me desafiar, de superar a minha ansiedade e de ser feliz e confiante de novo.

Agradeço aos meus professores por me auxiliarem a ganhar tanta confiança. Alex, obrigada por me incentivar a criar uma arte que me deu orgulho. Lesley, obrigada por abrir todo um leque de questões sociais e me capacitar a fazer uma mudança no mundo. Darren, obrigada por me encorajar a falar e me levar a perceber que minha voz e minhas palavras têm valor.

Obrigada, Razzak, por me receber no mundo de Beder. Sinto-me privilegiada por trabalhar com uma instituição de caridade tão fantástica que realiza um trabalho tão valioso à memória de uma pessoa muito especial.

Eu gostaria de expressar meu imenso agradecimento à Welbeck por me possibilitar trazer este livro à luz, em especial a Jo, Beth e Jenny por trabalharem ao meu lado durante todo o processo. Um agradecimento muito especial à Beth, que se deparou com meu trabalho e percebeu nele algum potencial, por acreditar em mim, mesmo nos momentos em que eu mesma não acreditava. Você não só me ajudou muito em termos de criatividade e reavaliações constantes como também foi um sólido apoio e uma fonte de encorajamento.

Por fim, obrigada a todos os que seguem a WorryWellbeing, por me ajudarem a criar uma plataforma para falar sobre saúde mental, pelos seus comentários e suas mensagens gentis, por compartilharem minhas postagens e por fazerem parte da comunidade que tanto me ajudou em minha jornada para a recuperação.

Ruby ♡

Recursos

RECURSOS GERAIS DE SAÚDE MENTAL

Brasil

No Brasil, a saúde mental é atendida por uma rede de serviços e equipamentos chamada Rede de Atenção Psicossocial (RAPS), que foi instituída em 2011. A RAPS é composta por vários componentes principais, incluindo:

Atenção básica em saúde: Unidade Básica de Saúde (UBS), Núcleo de Apoio à Saúde da Família.

Atenção psicossocial estratégica: Centros de Atenção Psicossocial (CAPS) em diferentes modalidades. Equipe Multiprofissional de Atenção Especializada em Saúde Mental/Unidades Ambulatoriais Especializadas.

Atenção de urgência e emergência: SAMU 192, Sala de Estabilização, UPA 24 horas e portas hospitalares de atenção à urgência/pronto socorro/UBSs.

Atenção residencial de caráter transitório: Unidades de Acolhimento, Serviços de Atenção em Regime Residencial – CTs.

Atenção hospitalar: Enfermaria especializada em Hospital Geral, Hospital Psiquiátrico Especializado e Hospital-Dia.

Estratégias de desinstitucionalização: Serviços Residenciais Terapêuticos, Programa de Volta para Casa, Programa de Desinstitucionalização (equipes).

Estratégias de reabilitação psicossocial: Iniciativas de Geração de Trabalho e Renda, Empreendimentos Solidários e Cooperativas Sociais.

Os CAPSs são os principais equipamentos da RAPS e estão voltados ao atendimento de pessoas com sofrimento psíquico ou transtorno mental, além de dificuldades causadas pelo uso de álcool, crack e outras substâncias. Para mais informações detalhadas você pode visitar o *site* do Instituto Cactus (institutocactus.org.br) ou consultar o Boletim Fatos e Números Saúde Mental (https://www.gov.br/mdh/pt-br/navegue-por-temas/observatorio-nacional-da-familia/fatos-e-numeros) do Governo brasileiro.